www.united-pc.eu

Marcus Betz

Die Macht des Auges

Ein Handbuch zur energetischen
Transformation

Inhaltsverzeichnis

Einführung und Widmung   6

1. Der böse Blick – Psychische Angriffe   14

2. Die Energie diagnostizieren   22

3. Transformation identifizierter Energie   26

4. Eine Botschaft empfangen   30

5. Das Familiensystem   36

6. Fremde, eingedrungene oder anhängende Energien   47

7. Flüche – Schwarze Magie 53

8. Harmonisierung und Erdung   63

9. Spirituelle Notfälle   67

10. Lösen von Blockaden aus Vorleben   72

Nachwort und Danksagung   79

Einführung

Dieses Buch wird all jenen helfen, die das Gewicht ihres Lebens leichter machen wollen. Es ist ein Buch einer Art, die bisher noch nicht besteht. Seine Worte tragen eine bestimmte Energie – ganz allgemein tragen Worte bestimmte Energien –, diese jedoch sind dem Bedürfnis nach Transformationen angepasst. Dies hilft dem Leser, sich nach und nach von seiner Last zu befreien, und zu sich selbst zu finden.

WIDMUNG

Dieses Buch ist all jenen gewidmet, die auf der Suche nach ihrer Essenz sind. Es ist ein Begleiter auf dem Weg der Selbstwerdung.

Zur Verwendung des Buches

Jedes Kapitel behandelt bestimmte energetische Blockaden. Der Aktivierungstext, der folgt, wird jene identifizierte Blockade transformieren. Somit löst sich die schwere Energie auf, und die allgemeine Schwingung des eigenen Energiefelds erhöht sich. Stück für Stück kann im Prinzip so alles, was uns behindert, stört und uns leiden lässt, aufgelöst werden. Das Geheimnis der Selbstwerdung liegt im Prozess eines jeden: Jede Lebensgeschichte ist individuell, mit ihrem individuellen energetischen „Abdruck". Jede Emotion, Gedanken oder Verhaltensweisen haben ein energetisches Pendant. In Wirklichkeit sind sie Energie! Und hier, am tiefsten Punkt, können wir zu einer profunden, schnellen und vollkommenen Transformation ansetzen. Langsam können wir während des Prozesses erkennen, wer wir wirklich sind, indem wir die Behinderungen, die wir während des Lebens erfahren haben, transformieren. Diese Behinderungen sind wie zu enge Kleidung, und wenn wir sie ablegen, fühlen wir uns viel wohler, gelöster und befreiter. Unsere Essenz kann sich ausbreiten und mehr Raum einnehmen. Unsere Essenz, oder Seele, ist eine Energie hoher Schwingung – sie ist pure Liebe. Mithilfe des Buches können wir die Schwere der menschlichen Erfahrungen ablegen und uns schrittweise mit unserer Seelenenergie verbinden, um aus ihr heraus zu leben. Dieses neue Seelenbewusstsein lässt uns unseren wirklichen Raum einnehmen, indem wir dem Herzen folgen.

Beim Lesen der Texte werden eventuell Erinnerungen, Emotionen, körperliche Symptome wie z. B. Muskelziehen, Druck oder andere Wahrnehmungen auftauchen. Dies sind die Dinge, die nun transformiert werden möchten. Seien Sie aufmerksam und unvoreingenommen, denn das Bewusstsein erfasst am Anfang nicht alles im Detail! Durch Wiederholung und Geduld wächst die Fähigkeit, in sich hineinzuschauen und Zusammenhänge zu erkennen. Gehen Sie der ersten Sache nach, die in Ihnen beim Lesen auftaucht. Am besten schließen Sie dazu die Augen. Wie fühlt sie sich an? Wo ist sie im Körper? Erkennen Sie sie wieder? Dies sind Fragen, die Ihnen bei der Orientierung helfen, und um Strukturen zu identifizieren. Lassen Sie sich durch körperliche Wahrnehmungen hindurchfallen, um an die Emotion oder den Zustand zu gelangen, die sich vielleicht hinter ihr verbergen könnte.

Beim Lesen sind Sie immer geschützt! Alles, was passiert oder passieren wird, ist Teil des Prozesses. So können Sie vertrauen und einen aufregenden, wie einsichtsreichen Prozess beginnen!

Sobald Sie eine Energie erkannt haben, sei es eine Emotion, eine mentale Blockade, fremde, eingedrungene bzw. anhängende Energie usw., kann sie transformiert werden. Oft ist es nötig, die Geschichte dieser Energie zu erkennen, sie zu identifizieren und zu verstehen. Dabei ist oftmals das, was man zu erkennen meint, nur die Spitze eines Eisbergs. Denn das, was dahintersteckt, könnte viel größer, komplexer oder weitverzweigter sein, als man angenommen hat! So kann hinter einer Tendenz, wie z.B. die Angst, zu spät zu kommen, eine tiefe kindliche Angst oder Trauma stecken, worauf sich auch noch andere Verhaltensweisen aufgebaut haben. Dies alles kann mithilfe der Texte zur Transformation schrittweise abgebaut werden. Hierzu ist es wichtig, zu wissen, dass die Heilung ihrer eigenen Logik und Ordnung folgt. Das Hauptproblem lässt sich oft nur dann lösen, wenn alle seine Komponenten gelöst sind. Und jener Prozess ist äußerst bereichernd, denn er bringt tiefe Einsichten darüber, wie wir funktioniert bzw. reagiert haben, was unserer Freiheit, Glück und Zufriedenheit immer im Wege stand.

Wenn die Energie wiedererkannt wurde, oder sich deutlich gezeigt hat, kann sie also transformiert werden. Beim Lesen der Transformationstexte ist es wichtig, sie langsam, vielleicht auch laut zu lesen, und sich mit dem Herzen mit dem Text zu verbinden. Es ist nicht nötig, etwas zu tun oder zu verstehen, was man liest, sondern vielmehr als stiller Beobachter zu fühlen, was passiert, während Sie die Worte auf sich wirken lassen. Vielleicht spüren Sie eine innere Bewegung, ein Ziehen oder Druck, oder auch gar nichts. Nach ein paar Momenten kommt die Erlösung, und sie wird oftmals von tiefem Aufatmen begleitet. Es kann sein, dass der Aktivierungstext mehrmals langsam wiederholt werden muss. Am Ende fühlt man eine Leichtigkeit und Gelöstheit. Falls sich diese nicht einstellen, oder vielleicht Stellen im Körper noch stark bemerkbar sind, ist hier eventuell fremde Energie im eigenen Feld, im Raum oder auf Objekten, wie z. B. Kristallen, anwesend. Vielleicht muss auch der Prozess wiederholt werden, denn der Komplex kann aus weiteren Teilen bestehen. Oder man muss noch einmal genauer hinschauen, was sich jetzt präsentiert. Es kann auch sein, dass die Identifizierung nicht präzise war.

Zur Reinigung des Raums oder des eigenen Feldes habe ich eigenständige Texte geschrieben. Obwohl diese Reinigungen mit dem Lesen des Aktivierungstextes zur Transformation identifizierter Energie automatisch passiert, kann es wichtig sein, sie eigenständig nach der Leseeinheit (oder vor Beginn) durchzuführen. So kann sich dann die Rundheit nach erfolgreicher Transformation einstellen.

Nach der Transformation

Je nachdem, wie viele Energien transformiert wurden, welches Gewicht sie hatten und wie die Beschaffenheit des eigenen Energiefeldes ist, kann es zu unterschiedlichen Reaktionen kommen. Es ist ein intensiver Prozess. Neben dem Gefühl allgemeiner Leichtigkeit kann es zu starker Müdigkeit kommen, mit kurzzeitig erhöhtem Schlafbedürfnis. Ruhen Sie sich aus, wenn sie das Bedürfnis danach haben! Durch die tiefe Veränderung kann es zu bestimmten Träumen kommen, von verwirrten bis zu prophetischen. Es kann durch den erhöhten Energiefluss während der kurzen Anpassungsphase des Körpers zu Muskelschmerzen, Kopf- oder Nackenschmerzen kommen. Falls dies eintritt, ist dies nur kurzzeitig (während den ersten 48 Stunden), und geht schon bald vorüber. Dies ist wichtig zu wissen, da man sonst jene körperlichen Beschwerden fälschlicherweise als Indikation für weitere Transformation deutet, statt sie als Nebeneffekt der Heilwirkung zu sehen. Haben Sie keine Angst, Sie werden immer geführt, wann immer Sie sich auf den Weg zu sich selbst machen!

Wie Sie sehen, ist dieses Buch mehr ein Arbeitsbuch, als eines, das man mal eben so liest.

Vielleicht ist dieses „Eben-mal-so-Lesen" und es dann wegzulegen auch ein Anstoß, um eventuell später auf es zurückzukommen, wenn die Zeit reif ist. Sie können das Buch mit einem Computer vergleichen: Für viele ist der Computer eine Art bessere Schreibmaschine, ohne dass sie je von den ungeheuerlichen Möglichkeiten seiner Nutzung erfahren. Es braucht Zeit, um die vielfältigen Möglichkeiten seines Gebrauchs kennenzulernen, und sie richtig (d. h. den Bedürfnissen entsprechend) einzusetzen. So braucht auch die Anwendung dieses Buches vielleicht etwas Zeit, um größten Nutzen aus ihm zu ziehen. Ich kann mir vorstellen, dass, wenn Sie einmal begonnen haben, mit dem Buch zu arbeiten, Sie schon bald die Leidenschaft packen wird, regelmäßig mit ihm (d. h. mit sich selbst) zu arbeiten. Ich empfehle, dies täglich zu tun. Dazu können Sie einfach Ihre Essenz bitten, Ihnen zu zeigen, was Sie in jenem Moment transformieren können, und die betreffende Energie wird von selbst in Ihr Bewusstsein kommen! An manchen Tagen kann man viele Energien transformieren, an anderen weniger. Machen Sie pro Einheit so lange weiter, bis keine Energien mehr nach oben kommen. Sie werden dabei immer geführt, es ist recht einfach!

Pro Arbeitseinheit kann nur eine bestimmte

Menge Energie transformiert werden. Außer den schon beschriebenen Nebeneffekten können sich noch andere Dinge einstellen: Schwere Energie, also niedrige Vibrationen, sind z. B. Wut, Hass, Trauer, Schmerz und Angst, die durch die Arbeit mit diesem Buch transformiert bzw. aus dem eigenen Energiefeld extrahiert werden. Die eigene Schwingung kann sich so mit jeder Session ganz von selbst erhöhen. Das ist wie, als ob man die Fesseln eines Heißluftballons kappt und er majestätisch in die Lüfte steigt. Ähnliche Energien ziehen sich untereinander an. Das heißt, dass sich durch Ihre sich erhöhende Schwingung eventuell neue, der höheren Schwingung entsprechende Umstände einstellen, wie z.B. neue Personen, die in Ihr Leben treten, oder andere, die gehen. Veränderungen bezüglich Ihrer Arbeit, neue Möglichkeiten in jeder Hinsicht. Die Schwingungserhöhung merkt man deutlich an dem wachsenden Wohlbefinden. Freude, Zufriedenheit, Dankbarkeit und vor allem Liebe sind Beispiele hoher Schwingungen, und das Licht unserer Seele hat genau diese Qualitäten!

Lassen Sie uns nun mehr Raum schaffen, indem wir die Hindernisse der Persönlichkeit transformieren, damit Ihr eigenes, unverwechselbares, individuelles Licht strahlen und sich manifestieren kann!

1. Der böse Blick – Psychische Angriffe

Seit Menschengedenken ist dies in vielen Kulturen bekannt: Menschen schauen einander fest in die Augen, emotionsgeladen, und man glaubt, dass damit Unheil über den, dem dieser Blick zugeworfen wird, gebracht wird.
Tatsächlich kann hier eine Energieübertagung stattfinden! Emotion ist Energie. Wut z. B. ist eine sehr starke Energie, die von noch weiteren, dem eigenen Feld fremden, eingedrungenen bzw. ihm anhaftenden Energien verstärkt wird. Oft sind dies Arten dunkler Energie. Mit der Projektion der Emotion auf die Person über den festen, zornerfüllten Blick lösen sich Energiepartikel der Emotion der Wut samt dunklen Partikeln, und dringen in das Feld des Angeblickten ein. Dies ist ein psychischer Angriff, also eine energetische Attacke. Diese Energie nistet sich dann oft in der Mitte der Stirn, dort wo das dritte Auge ist, ein. Dies kann zu Kopfschmerzen und Gemütsänderungen führen. Auch wenn Sie vielleicht überrascht sind, dies geschieht sehr häufig, und es gibt ganz unterschiedliche Grade von Attacken, die sich in verschiedenen Körperpartien einnisten, mit ganz unterschiedlichen Effekten.
Manchmal höre ich Leute sagen, dass psychische Angriffe wie der böse Blick nur von bestimmten

Menschen geheilt werden können, und dass dieses Wissen nur in den Nächten zu Weihnachten oder Ostern weitergegeben werden darf. Mit diesem Buch können Sie schnell und einfach und zu jeder Zeit Angriffe heilen. Und nicht nur das!

Das obige Beispiel ist nur eines von vielen. In einem Bruchteil einer Sekunde können diese stark geladenen Energien ins Feld eindringen. Sie haben große Kraft und durchdringen leicht den Schutzmechanismus des Energiefeldes. Wie Sie sehen, ist Emotion ein entscheidender Faktor, sie ist die Triebkraft des Angriffs. Gedanken oder Urteile mischen sich in die emotionalen Reaktionen auf Situationen ein und fachen sie immer wieder an. Eine große Anzahl starker Emotionen können als Attacke ins Feld projiziert werden, so auch Angst, Traurigkeit, Sorge, Neid usw. Schon bald integriert sich die Energie ins eigene Feld, und wird dann oft als eigene Emotion erfahren. Das kann auch einen karmischen Hintergrund haben, wenn wir schon als Seelen einen Streit oder Angriffe mit einer Seele geplant haben, bevor wir in die heutige Inkarnation gekommen sind. Derjenige, der angreift, hat dann die Erfahrung des Angreifens – mit allem, was das bedeutet –, und der Angegriffene, der nun die fremde Energie in seinem Feld hat, wird dann lernen müssen, wie er mit diesem ihm eingeimpften Zustand umgehen kann.

Von höchster Perspektive – also von der Ebene der geistigen Welt – aus gesehen, gibt es keine Urteile. Alles wird hier einfach nur als Erfahrung gesehen, um sich als Seele weiterzuentwickeln. Dies ist wichtig zu wissen, da wir vom menschlichen Bewusstsein aus gesehen eher mit weiteren Emotionen reagieren, wenn wir dahinterkommen, dass uns jemand angegriffen hat. Und so zieht sich der Knoten weiter zusammen, anstatt still zu werden, und ihn zu lösen, wobei das Lösen selbst eine Lernerfahrung darstellen kann.

Die bisher beschriebenen Angriffe sind vollkommen unbewusste wie unbeabsichtigte, und geschehen meistens, ohne dass die Beteiligten vielleicht je Kenntnis davon nehmen. Mit dem sich öffnenden Bewusstsein während des Heilprozesses, den dieses Buch anbietet, können Angriffe schon viel früher, ja selbst im Moment, wenn sie geschehen, wahrgenommen werden.

Eine andere Klasse von Angriffen sind die, die ganz bewusst und vorsätzlich, vielleicht auch durch bestimmte Rituale herbeigeführt werden: die schwarze Magie! Ja, die gibt es wirklich, und auch für mich war es anfänglich schwer, ihre Existenz anzuerkennen bzw. sie zu akzeptieren!

Dies ist ein weites Thema, dem ich ein ganzes Kapitel zur Aufhebung von Flüchen gewidmet habe.

Aber nun lassen Sie uns die verschiedenen Arten und Grade der unbeabsichtigt passierenden Angriffe ansehen. Sie können alltäglich geschehen, meist in Situationen von Konflikten, aber auch in aller Stille, mit Unbekannten auf der Straße!
Karmische, geplante Energieübertagungen durch eine Attacke sind eher selten, aber sehr stark. Die unbeabsichtigten Angriffe auf unbewusster Ebene gehen jedoch leicht in die Hunderte! Und so ist es auch mit denen, die ich nun beschreiben werde.

- Aufgezwängte Zustände und Emotionen:

Hierbei wird durch die enorm hohe emotionale Wucht dem Angegriffenen ein starker Zustand oder ein Gefühl eingeimpft. Diese Energien verhalten sich dann so, als ob sie eigene wären, und es entstehen sehr starke Emotionen.
Karmische Angriffe sind oft dieser Natur. (Bei leichten Angriffen kann eine Emotion entstehen, muss aber nicht, der Unterschied macht die Art der Energie.)
Wenn die Energie als fremde identifiziert wurde, und man ihr nachgeht, kommen schon bald

Informationen zu ihrer Herkunft ins Bewusstsein. Ein bekannter Zustand, den man vielleicht in der Kindheit in bestimmten Situationen erfahren hat. Oder man erinnert sich an den Moment, als die Attacke sich vollzog, und man stellt fest, dass man ab diesem Zeitpunkt jenes bestimmte Gefühl hatte, und es als Reaktion auf diese Situation ansah. Tatsächlich ist es aber die Energie der anderen Person in unserem Feld, die wir nun als Emotion oder Zustand fühlen.

Oftmals geschehen diese stärkeren Attacken in der Kindheit. Mit der Lebhaftigkeit der Kinder ist es für die Eltern oft nicht einfach umzugehen, und Emotionen kochen hoch. Nicht zuletzt werden durch die Kinder Erinnerungen an die eigene Kindheit wach. Diese Attacken sind oft erzieherischer Natur. Es ist kein Wunder, dass wir als Seelen sehr sorgfältig unsere Eltern und Familien, in die wir geboren werden möchten, aussuchen. Die Seele wählt genau aus, welches emotionale Umfeld sie braucht, selbst ihre eigene emotionale Konfiguration wählt sie aus. Diese kann auch zum Teil von dem gewählten Körper abhängen. Alles dient der Erfahrung und dem Lernen. Der Ort, wo sie ihr Leben als Mensch auswählt, ist keine Grauzone, sondern ein Ort voller Ordnung und Schönheit. Und man kann sich daran erinnern! Dies passiert auch ganz spontan in meinen Einzelsitzungen, wenn dies von der geistigen Welt aus als hilfreich oder wichtig erachtet wird. Ich habe bemerkt, dass die Informationen, die preisgegeben werden, deckungsgleich mit denen sind, die in mehreren Stunden dauernden spirituellen Rückführungen in tiefer Hypnose offenbar werden. Erinnerungen an die Welt, aus der wir herkommen, essenzielle Informationen über das heutige Leben, über die eigene Seele oder die Lebensaufgabe – all das und noch mehr wird von der geistigen Welt in der von den Meistern richtig erachteten Dosis auch in meinen Sitzungen der Energiearbeit offenbar. Die Beschleunigung der Prozesse ist ein wichtiger Aspekt der heutigen Zeit!

- Aufgezwängte Verhaltensweisen:

Egal, ob Emotionen, Gedanken, Ideen, oder eine Kombination aus alledem, alles ist Energie. So auch die Verhaltensweisen, oder die Art, wie wir auf bestimmte Stimuli reagieren. Auch diese Angriffe haben oft einen edukativen Charakter. Der Person, meist dem Kind, wird in das Feld die Energie einer spezifischen Verhaltensweise wie ein „Chip" implantiert. Auch diese Angriffe sind sehr stark, passieren also mit hoher Emotionalität. Ich habe festgestellt, dass oftmals eine Aversion gegenüber der Person empfunden wird, die uns ohne Absicht angegriffen hat, und deren Energie wir in uns tragen. Die Angriffe können unter Umständen so stark sein, dass selbst Partikel der Seelenenergie des anderen in unser Feld gelangen. Diese Person taucht uns im Bewusstsein dann öfter auf, oftmals in Verbindung mit ähnlichen Situationen, in der die Attacke sich vollzog, bei denen die eingedrungene Energie stimuliert wird.

Da Energie weder Raum noch Zeit hat, ist es selbst egal, ob man der Person, die uns angreift, gegenübersteht, oder ob sie am anderen Ende der Welt lebt! Sie passieren auch aus der Distanz, wenn sich die Person z. B. über Sie ärgert, und vielleicht Konfliktsituationen in ihrer geistigen Vorstellung mit hoher Emotionalität durchspielt.

Der böse Blick ist also kein Zauber, sondern ein gängiges Geschehen auf energetischer Ebene. Die Energie ist dabei so stark, dass sie für gewöhnlich alle Schutzmechanismen oder „Schutz-Zauber" (schützende Amulette, Armbänder usw.) überwindet. Wiederholte psychische Angriffe auf Projekte oder Personen können dann starke Störungen der Prozesse hervorrufen, Emotionen, Gedankengänge, Verhaltensweisen oder körperliche Beschwerden verursachen, und in der Tat eine fluchähnliche Wirkung entfalten. Das Unheil scheint aufzuziehen, es hat aber nichts mit Hexerei zu tun!

Ich möchte keine Widertracht schüren gegenüber denen, die Sie verdächtigen, Sie angegriffen zu haben, sondern lediglich Dinge beschreiben, die als Teil des Lebens oft passieren, und über die wir uns bisher aber nicht bewusst geworden sind. Mit der Geisteshaltung der Neugier, Akzeptanz und dem Wissen, dass alles nur Erfahrung ist – frei von Urteilen von gut und schlecht –, werden Sie mit diesem Buch sicherlich so einiges über sich selbst und die energetische Natur des Menschseins lernen.

2. Die Energie diagnostizieren

Wenn Sie gegen einen Feind kämpfen, ist es wichtig zu wissen, gegen wen Sie kämpfen. Einfach auf gut Glück um sich zu schießen ist weniger effektiv, als genau zu wissen, wie man an die Sache herangehen muss, damit Ihr Bemühen auch von Erfolg gekrönt wird. Nun befinden Sie sich nicht im Krieg, allerhöchstens mit sich selbst. Es gibt einige Energien, die sich verstecken, oder einen zum Narren halten wollen – so ist ihre Natur –, aber sobald das Bewusstsein sie erfasst, und sie enttarnt, können sie äußerst einfach transformiert werden. Jene Energien sind oft in anderen Energien, wie Emotionen usw., versteckt. Sie verstärken sie, oder sie fixieren sie im System.

Lassen Sie uns nun sehen, welche Arten von Energien es gibt, die mithilfe der Aktivierungstexte transformiert werden können. Ich unterteile sie in zwei Klassen: Energie, die zum eigenen Feld gehört, und fremde, ins Feld eingedrungene bzw. ihm anhaftende Energie. Ich finde es hilfreich, sie in zwei Klassen zu unterteilen, um sie klar zu identifizieren.

Zum eigenen Feld gehörende Energie:

Emotionen

Emotionale Muster – diese bestehen aus mehreren Emotionen, Gedanken und anderen Energien

Fixe Gedanken, Ideen, Überzeugungen, Glaubenssätze, Konklusionen oder mentale Blockaden

Gedankenmuster – sie sind ähnlich der emotionalen Muster, aber mit stärkerer mentaler Komponente

Verhaltensmuster – die Art, auf Stimuli zu reagieren

Denkweisen – die Art zu denken bestimmende Energien, sie können Emotionen nach sich ziehen, kreieren sie

Fremde, ins Feld eingedrungene bzw. anhaftende Energie:

Unbeabsichtigte psychische Angriffe – böser Blick

Energien und Wesen verschiedenster Art und Herkunft – im Feld verstärken sie allerlei Blockaden oder haften an ihm

Flüche – schwarze Magie, bewusste, starke Attacken (Voodoo), Schadenszauber

Beim Lesen des folgenden *Aktivierungstextes zur Diagnose von Energien* (*kursiv*) wird wahrscheinlich gegen Ende des Textes ein bestimmtes Gefühl im Körper, eine Emotion, ein Gedanke, eine Erinnerung, ein Bild oder was auch immer auftauchen. Falls nötig, lesen Sie ihn nochmals, bis die Energie komplett in Ihr Bewusstsein gedrungen ist. Nun gehen Sie ihr, vielleicht mit geschlossenen Augen, nach. Womit assoziieren Sie sie? Erkennen Sie sie wieder? Gehört Sie zu Ihnen? Falls Sie schon jetzt beim Lesen dieser Zeilen Skepsis, Unglaube, Aufregung, Erwartungen, Abneigung oder gar Wut oder starke Gedanken, wie z. B. „ Das ist alles Unsinn!" überkommen, können wir uns gleich damit ans Werk machen, und sie transformieren, falls Sie dazu bereit sind! Für das Erkennen der Energien ist die Ruhe des Geistes und Gemüts erforderlich, und diese Reaktionen blockieren den Prozess. Wenn Sie diese Emotionen oder Reaktionsweisen als Teil von sich kennen, schlage ich Ihnen vor, sie direkt mit dem Aktivierungstext zur Transformation identifizierter Energie auf Seite 27 zu lösen.

Aktivierungstext zur Diagnose von Energien

„Was mein Herz begehrt,
anderen Sinn verwehrt,
Klarheit, duftender Wald,
Erkennen kommt schon bald.
Der Sinn in Ruhe,
öffnet die Truhe.
Jetzt! Es ist schon da!"

Nun versuchen Sie, die Energie, die sich gezeigt hat, in eine der obigen Sparten einzuordnen. Gegebenenfalls lesen Sie den Text wiederholt. Ich rate Ihnen, es als ein Spiel aufzufassen. Es ist nicht wichtig, alles richtig zu machen. Verzagen Sie nicht, und machen Sie munter weiter! Falls sich überhaupt nichts zeigt, auch nach mehrmaligem Lesen nicht, ist höchstwahrscheinlich fremde Energie im Feld oder Raum anwesend, die Ihren Kanal blockiert. Hierzu lesen Sie zuerst das Kapitel zur Reinigung des Raums und des eigenen Feldes von fremder, eingedrungener Energie auf Seite 47. Es könnte aber auch ein Fluch daran schuld sein, dass sich nichts zeigt. Hier lesen Sie zuerst das Kapitel über die unterschiedlichen Flüche (Seite 53).

Lassen Sie uns aber nun die identifizierte Energie transformieren! Dies wird im nächsten Kapitel beschrieben. Für fremde, anhängende Energien oder Flüche gehen Sie zu den entsprechenden Kapiteln.

3. Transformation identifizierter Energie

Hiermit löst sich die Energie auf. Die Transformation geschieht allmählich beim langsamen Lesen des Aktivierungstextes. Beobachten Sie, was passiert!
Ich gebe zu, diese Aktivierungstexte sind keine großartige Poesie. Aber sie ermöglichen es, sich im Herzen mit der Energie des Textes zu verbinden, was das Wichtigste ist. Sie müssen also nichts tun, außer zu beobachten, was sich tut, während Sie die Energie der Worte auf sich wirken lassen.

Aktivierungstext zur Transformation identifizierter Energie

„Identifizierte Energie, Emotionen, Muster,
was auch immer es ist,
heiliges Opfer,
Präsens und Ewigkeit,
vereint im Einen,
geht zurück zum Ursprung,
zum Licht des Einen,
Ruhe und Dankbarkeit,
stetige Begleitung."

Nun warten Sie einen Moment, bis die Reaktion vollständig abgelaufen ist. Manchmal geht es schneller, manchmal dauert es einen Moment länger bis die natürliche Bewegung des Feldes wieder zurückkehrt. Dies wird oft begleitet von tiefem Aufatmen, dem Gefühl der Ruhe oder Erleichterung stellt sich ein. Nun können Sie einen Check machen: Erinnern Sie sich an die gerade transformierte Energie, sei es eine Emotion, oder was auch immer. Hat sie das gleiche Gewicht,

oder hat sie sich in irgendeiner Form verändert? Vielleicht kommt schon jetzt ein Lachen in Ihnen auf, und Sie können es nicht glauben, dass Sie jemals diese Emotion usw. hatten! Das Bewusstsein klärt sich, und vielleicht können Sie einen anderen Standpunkt zu dem, was sie transformiert haben, einnehmen oder es akzeptieren. Das spontane Lachen bei der Wiederstimulation der Emotion oder anderen Energien ist ein Zeichen dafür, dass die Transformation vollständig ist, und die Energie dauerhaft aus Ihrem Feld verschwunden ist. Wenn andere Aspekte nach oben kommen, oder noch etwas fehlt, schauen Sie sich diese an und wiederholen die Aktivierungstexte zur Diagnose und Transformation, bis alles rund ist. Das sind normalerweise pro Session 2 bis 15 oder auch mehr Energien, falls es nicht nur eine ist.
Wenn Sie das Bedürfnis nach mehr Harmonisierung haben, können Sie den betreffenden Aktivierungstext auf Seite 64 lesen, und mit dem ihm folgenden Text können Sie sich auch mehr erden.

Es kann auch sein, dass ein alter Fluch nun wieder aktiv wird, vor allem wenn Sie wissen, dass Sie schon mal von schwarzer Magie betroffen waren. Wie ich schon sagte, ziehen sich ähnliche Energien untereinander an. Die tiefe Schwingung des

Fluchs, die ja Umstände tiefer Vibration anziehen soll, kann nämlich von Emotionen tiefer Schwingung (z. B. Wut, Traurigkeit oder Angst) oder anderen Energien aufgesogen werden, und so verschwindet der Fluch von der Oberfläche des Feldes. Es ist, als ob er nicht mehr da wäre. Er verstärkt aber nun die Emotion oder andere Energien, macht sie fast unbehandelbar. Wenn nun die Energie der Emotion transformiert wurde, kommt die Fluchenergie wieder an die Oberfläche, und beginnt ihre Wirkung zu entfalten!

Falls nötig, lesen Sie den Text zur Diagnose von Energie mit der Intention, sich anzeigen zu lassen, ob Flüche an ihrem Feld haften, und gehen Sie ggf. zum Kapitel zur Aufhebung von Flüchen auf Seite 53.

Am Ende der Transformation sollten Sie Ihren Raum (oder sich selbst) mit dem entsprechenden Aktivierungstext auf Seite 52 energetisch reinigen.

4. Eine Botschaft empfangen

Während des Prozesses ist es sicherlich nötig, mehr über gewisse Emotionen, deren Sinn und andere Verbindungen zu erfahren. Diese Antworten kann niemand besser geben als Ihr geistiger Führer, auch Seelenführer genannt. Dies ist eine Seele, die vielleicht gar nicht mehr inkarniert, und Ihr liebevoller Lehrmeister ist. Es ist ein Lichtwesen, das die ganze Zeit nah bei uns ist. Viele haben seine Präsenz schon mal erfahren. In meinen Sitzungen verbinde ich die Klienten mit ihren Führern oder noch höheren Lichtwesen, und oft sind sie überrascht, sie wiederzuerkennen. Es ist nicht schwierig, mit ihm oder ihnen in Kontakt zu kommen, dazu braucht es die Ruhe des Geistes und Gemüts. In Meditationen ist es vielleicht einfacher, seine lichtvolle Präsenz wahrzunehmen. Die Energie des Aktivierungstextes wird einen Link zu Ihrem geistigen Führer herstellen, und eine Botschaft von ihm in Ihr Energiefeld oder in Ihr Bewusstsein bringen. Die Botschaft wird das beinhalten, was in diesem Augenblick für Sie wichtig zu wissen ist. Auch können Sie den Text mit einer spezifischen Intention lesen, um über Themen mehr Informationen zu bekommen.

Am Anfang könnte es Ihnen etwas schwierig

vorkommen, Botschaften zu empfangen. Aber mit ein bisschen Übung wird das Kommunizieren flüssiger werden. Es ist wie eine neue Sprache zu lernen, das braucht ein wenig Zeit. Die Führer antworten auf verschiedenste Weisen. Mal ist es ein Gefühl, mal eine Art Einsicht oder Verstehen, ein Bild, einzelne Worte oder auch ganze Sätze. Oft ist es auch nur eine bestimmte körperliche Empfindung. Was auch immer es ist, gehen Sie der ersten Wahrnehmung nach, sie kann sehr subtil sein. Sie dürfen auch um mehr Klarheit über die Botschaft bitten, falls Sie die benötigen. Seien Sie einfach unvoreingenommen, und warten Sie mit offenem Geist, so wird die erste Botschaftsenergie bald spürbar werden. Gehen Sie ihr nun nach. Wie fühlt sie sich an? Sie ist wie, als ob ...? Was bedeutet sie für Sie? So können Sie den Aktivierungstext wiederholen, bis Sie genügend Informationen haben, oder die Botschaft sich vervollständigt hat. Die Botschaften der geistigen Führer sind immer liebevoll, unterstützend, und werden von dem Gefühl der Wahrheit begleitet. Der Horizont kann sich öffnen, und das Bild komplettiert sich mehr und mehr. Der tiefere Sinn hinter den Dingen kann entdeckt werden. Am Ende des Aktivierungstextes wird die Botschaft bestimmt schon in Ihnen auftauchen. Sie ist oft früher da, als man annimmt. Vertrauen Sie Ihren Wahrnehmungen, Sie werden nicht enttäuscht werden!

Aktivierungstext zum Empfangen von Botschaften

„Information, Orientation,
was nötig ist,
Lichtkränze, Helligkeit,
scheint ins Herz,
bei 3 die Botschaft,
1 ... 2 ... 3!"

Da Ihr geistiger Führer die hauptsächliche Quelle wichtiger Informationen ist, empfehle ich Ihnen, sich jeden Tag für etwa 10 Minuten mit ihm in einer Meditation zu verbinden. Hier ist ein Beispiel einer Meditation:

Schließen Sie die Augen, und richten Sie Ihre Aufmerksamkeit nach innen auf Ihre Wahrnehmungen. Es ist von Vorteil, sitzend zu meditieren, um nicht einzuschlafen, aber auch im Liegen ist es möglich. Nun bringen Sie die Aufmerksamkeit auf Ihr Herz. Beobachten Sie Ihren Herzschlag, ohne ihn zu analysieren oder zu benennen. Nehmen Sie sich etwas Zeit, und fühlen Sie einfach seine Qualitäten. Dies bringt Sie schon bald in einen Zustand des Empfangens, die inneren Sinne öffnen sich. Falls Gedanken stören oder sehr aktiv sind, können Sie sich eine Kiste mit einem Deckel vorstellen, in die Sie alle Gedanken hineinlegen können. Danach verschließen Sie die Kiste mit dem Deckel, und stellen Sie sie hinter sich. Wenn später wieder Gedanken aufkommen sollten, können Sie die Kiste wieder öffnen, und sie dort ablegen. Fühlen Sie die Ruhe, die allmählich beginnt, sich auszubreiten. Hier können Sie sich mit Ihrer eigenen Essenz verbinden. Haben Sie dazu einfach nur die Intention, sich mit Ihrer Essenz oder Seele zu verbinden, und beobachten Sie. Es wird sicherlich eine Ausdehnung im Herz spürbar werden. Lassen Sie sich da ganz hineinfallen. Hier, im Schutze Ihres Herzraums, können Sie Ihren geistigen Führer bitten, zu Ihnen zu kommen. Er folgt stets Ihrer Einladung. Beobachten Sie, wie er sich Ihnen zeigt. Ist es eine Ausdehnung? Oder Ruhe? Oder vielleicht ein Licht oder eine Gestalt? Oder nur das Gefühl einer Präsenz? Wie auch immer er sich Ihnen zeigt, bitten Sie ihn näher zu kommen, und spüren Sie seine Präsenz. Sie können ihm nun Fragen stellen, oder um Rat zu dem nächsten Schritt Ihrer inneren Entwicklung bitten. Auch können Sie ihn um harmonisierende Energie bitten. Die Kommunikation ist telepathisch, fließen Sie einfach mit dem, was in Ihnen auftaucht. Vielleicht werden Ihnen seine Antworten als eigene Gedanken vorkommen, das spielt keine Rolle. Seien Sie einfach offen und unvoreingenommen während des ganzen Prozesses. Geistige Führer bleiben nie länger im eigenen Energiefeld als nötig. Daher kann es sein, dass Sie ihn mehrmals rufen müssen, um weiter Antworten zu erhalten. Solange Sie seine Präsenz spüren, kommen die Antworten von ihm. Dies hilft Ihnen anfänglich, zwischen seinen Botschaften und eigenen Gedanken zu unterscheiden, und den Wahrnehmungen zu vertrauen. Am Ende der Meditation bitten Sie ihn um harmonisierende Energie, Schutz und Erdung, und danken ihm, bevor Sie sich wieder ganz im Zimmer einfinden. Falls Sie noch mehr Harmonisierung oder Erdung brauchen, können Sie zu den entsprechenden Aktivierungstexten auf Seite 64 bzw. 65 gehen.

Denken Sie daran, dass Ihr Raum sowie Ihr eigenes Energiefeld energetisch sauber sein sollten, damit der Kontakt ungestört ist. Es kann sonst sein, dass Sie Ihren Führer womöglich nicht oder schwierig wahrnehmen können. Die entsprechenden Aktivierungstexte finden Sie auf den Seiten 50 und 52.

Eine andere Form der Hilfe bei Entscheidungen ist

Folgende:

Sie schließen Ihre Augen, und haben die Intention, sich mit Ihrer Essenz zu verbinden. Rufen Sie sie, und spüren Sie ihre Expansion. Oftmals fühlt man sie im Herzen, Ruhe stellt sich ein. Stellen Sie sich eine Frage, die mit Ja oder Nein beantwortet werden kann, und fühlen Sie Ihre Essenz. Es ist so, als ob Sie Ihrer Essenz bzw. Ihrer Seele die Frage stellen. Ein Ja resultiert in einer noch größeren Ausdehnung, ein Nein zeigt sich im Stocken oder Schrumpfen der Energie Ihrer Essenz. Die Antworten sind aus der Perspektive Ihrer Seele und Ihrer persönlichen Entwicklung die Richtigen, auch wenn Ihr Kopf etwas ganz anderes sagt! Vertrauen Sie einfach Ihrem Herzen!

5. Das Familiensystem

Vielen ist bekannt, wie das Familiensystem einen beeinflusst. Vielleicht haben Sie eine Familienaufstellung gemacht, und bemerkt, wie sich so einige Dinge lösten. Es ist nämlich so, dass die gesamte Energie unserer Familie und unserer Vorfahren auf uns lastet, ohne dass wir uns darüber vielleicht bewusst sind. Manchmal sind es Hunderte Generationen, dass ein bestimmtes Thema, eine Tendenz oder Problematik in der Familie ist, und sich in dem Einzelnen manifestiert. Zum Beispiel hat vielleicht ein Vorfahre eine Tat begangen, wodurch die Emotion (oder auch die Verheimlichung) eine starke energetische Störung im System verursachte, die sich bis heute noch auswirkt, und Symptome bei einem Familienmitglied produziert. Es ist so, als ob unserer Freiheit ein Stempel der Schwere aufgedrückt wurde. Das Lösen dieser Energien auf einer Person kann das gesamte System mit all seinen Mitgliedern in Balance bringen. Die Seele hat eben genau dieses Familiensystem ausgewählt, um ihre Erfahrung zu machen. Von dieser Perspektive aus ist es einfacher, zu akzeptieren, in welche Familie oder Kultur wir geboren wurden, und einen konstruktiven Prozess hin zu unserer Freiheit zu beginnen.

Es gibt nämlich Ethnien oder religiöse Gruppen, auf denen eine besonders schwere Last ruht. Jeder Einzelne hat die Energie seines Familiensystems auf sich, und zusammen mit den anderen bildet sich eine Gruppe mit bestimmten Werten, Verboten oder Geboten, die sie teilen. Starke Emotionen können hier eingebunden sein. Sie sind keine Emotionen eines Individuums, sondern Teil eines größeren Systems und benötigen zur Auflösung spezielle Hilfe. Auch können Verhaltensweisen so tradiert werden, als Energie im Familiensystem. Es ist wichtig zu wissen, dass, wenn wir uns vollkommen von unseren Hindernissen befreien wollen, wir auch die Verstrickungen im Familiensystem lösen müssen. Das, was immer als Emotion oder Glaubenssatz empfunden wurde, kann auch einzig eine Energie sein, die dem Familiensystem angehört.

Ich habe im Kapitel zur Diagnose von Energie (Seite 22) absichtlich die Energie des Familiensystems weggelassen, da sie einen Sonderposten einnimmt: Sie gehört nicht zu einem, und gleichzeitig gehört sie doch zu einem selbst! Da ähnliche Energien sich untereinander anziehen, können im Laufe des Lebens mehrere Emotionen und andere Energien entstehen, die sich dann mit den Energien des Familiensystems noch verstärken und verstricken. Es ist so ähnlich, als ob die Energie des Familiensystems eine Art Schiene darstelle, und der Zug das persönliche Leben. Die Schiene bahnt den Weg in der Landschaft. Sie vergegenwärtigt bestimmte Emotionen, Ideen und viele andere Energien, die der eigenen Energie fremd, aber hilfreich für das Lernen und Erfahren sind. Durch diese Art von „Voreinstellung", die mit den vor der Inkarnation ausgewählten Emotionen sowie anderen Energien zusammenkommt, entstehen im Laufe des Lebens bestimmte Erfahrungen, und diese werden dann als eigene Energie im Feld gespeichert. So hat das Problem, das wir erfahren, noch eine weitere Komponente. Mithilfe der Aktivierungstexte können diese Verstrickungen aufgelöst werden.

Es gibt einige Energien, die nicht durch Familienaufstellungen gelöst werden können. Dies betrifft Seelen, die nach ihrem Tod (noch) nicht ins Licht gegangen sind, und nun als Gewicht über der gesamten Familie ruhen. Ich habe die Erfahrung gemacht, dass so gut wie bei allen Klienten, die mich ab einem gewissen Zeitpunkt konsultierten, diese magische Befreiung notwendig war, die kommt, wenn wir diesen Seelen unserer Ahnen helfen, ins Licht zurückzugehen. Dies betrifft nur Seelen unserer Vorfahren, und nicht dem eigenen Energiefeld anhängende Seelen oder Seelenteile anderer, fremder Personen. Letztere fühlen sich durch Emotionen oder andere Tendenzen wegen ihrer energetischen Ähnlichkeit zu uns angezogen, und können so dauerhaft im Feld bleiben. Auch sie verstärken die Emotionen usw. und können mitunter komplett neue Emotionen, Gedanken und Verhaltensweisen in der Person hervorrufen! Recht oft hängen sich Seelen anderer an das Feld an. Auch wenn Sie das vielleicht befremdlich finden, es ist energetisch gesehen ganz normal. Seien Sie beruhigt, denn diese Seelen werden mit dem Text zur Reinigung des eigenen Feldes (Seite 50) weggehen. Falls Sie Ihre Ahnenreihe befreien wollen, können Sie nun zum Aktivierungstext übergehen. Diese Befreiung wird dann nicht nur in Ihnen selbst spürbar werden, sondern auch in Ihrer Familie, und schon bald werden Sie die Veränderungen wahrnehmen.

„*Ineinander verwoben,
eng verstrickt,
Ausdehnung zum Gegenwärtigen,
Erfüllung Dir gibt.*"

Generationsflüche

Generationsflüche, auch Familien- bzw. Erbflüche genannt, sind Energien, die schon seit vielen Generationen in der Familie sein können. Meist nimmt eine Seele diese Last auf sich, und hat die Möglichkeit, sie nun zu lösen. Diese Flüche können unterschiedlicher Art sein, je nachdem, aus welcher Kultur man kommt. In Mittel- und Nordeuropa ist dieser Fluch vor allem präsent, seitdem es zu Konflikten zwischen den Konfessionen kam. Damit meine ich Konflikte zwischen Katholiken und Protestanten: Sie durften nicht untereinander heiraten, und wenn sie es doch taten, wurden sie von der Familie ausgeschlossen. Es wurde ihnen gewünscht, dass sie und ihre Kindeskinder niemals glücklich werden sollten. Damit ist das Glück sowie das Vorankommen gebannt, und die betreffende Person hat heute genau dieses Problem. Mehr über diese Art von Fluch erfahren Sie im Buch „Vater Erde" von Olof Smit. Andere Kulturen, wie z. B. in Südamerika, bekriegten sich als Stämme, und die Schamanen trachteten danach, über den anderen Stamm Unheil zu bringen. So kann es sein, dass Nachfahren dieser Stämme noch heute diese Generationsflüche tragen. Und diese, so wie ich herausfand, können sehr viel stärker und vielfacher sein, als die europäischen Generationsflüche! Auch ganz allgemein kann sich die schwarze Magie über den Ahnen unabhängig von der Kultur in der einzelnen Person heute noch niederschlagen. Vielleicht hatten einige Vorfahren selbst an Riten teilgenommen. Wenn Sie schon jetzt eine Resonanz mit diesen Zeilen in sich spüren, können Sie mit dem Aktivierungstext zur Diagnose von Energie (Seite 25) die Anwesenheit von Generationsflüchen bestätigen, oder Sie lesen direkt den untenstehenden Aktivierungstext. Ganz generell können Sie abhängig von Ihrer Intention, mit der Sie den Text zur Diagnose lesen, herausfinden oder bestätigen, ob bestimmte Energien in Ihrem Feld sind. Vor allem dann, wenn Sie noch nicht eine flüssige Kommunikation mit Ihrem geistigen Führer haben. Er weiß natürlich am besten, was zu jeder Zeit für Sie wichtig ist.

Aktivierungstext zur Aufhebung von Familien- bzw. Generationsflüchen

„L i c h t durch die Welt,
Energie des Seins,
scheine durch meine Essenz,
Friede umgibt Dich."

Gehen wir nun über zur Transformation von Energien aus dem Familiensystem.
Wenn Sie möchten, können Sie sich systemische Energien mit dem Aktivierungstext zur Diagnose von Energie (Seite 25) anzeigen lassen. Die Wahrnehmung, die sie dann haben werden, wie z.B. eine Emotion oder ein Gewicht, ist nicht – oder nicht nur – Ihre eigene Energie, sondern ist Teil des Familiensystems, also Ihrer „Konfigurierung". Sicherlich haben sich im Laufe des Lebens einige Emotionen oder andere Energien mit systemischen Energien verstrickt, oft auch mit fremden, eingedrungenen Energien. Diese fremden Energien können sich durch das Gesamtgewicht der Kombination vieler Komponenten wie Emotionen, Glaubenssätze, systemische Energien, Attacken usw. angezogen fühlen. Es kann auch sein, dass übergreifend eine

solche, dann sehr schwere Energie über dem gesamten Familiensystem mit all seinen Familienmitgliedern lastet. Dies ist der Fall, wenn es in der Familiengeschichte Verfolgungen oder andere Strukturen starken Leidens gab. Auch diese Energie kann normalerweise nicht mit Familienaufstellungen gelöst werden. Der folgende Aktivierungstext transformiert all diese Energien und Verstrickungen. Systemische Energien können leicht in die Hunderte, gar Tausende, oft in Gruppierungen, gehen. Auch hier kann man das transformieren, was gerade möglich ist, in Übereinstimmung mit Ihrem Heilungs- bzw. Wachstumsprozess. Mit Geduld und dem steten Nachgehen der Dinge wird sich mit der Zeit alles entwirren können, und der Raum der Freiheit wächst.

Aktivierungstext zur Transformation von Energien des Familiensystems

„Vernetzung aller Wesen,
dichte Verstrickung,
ein Lämmlein weilt,
es nun befreit."

Anpassung des Familiensystems und anderer Systeme

So, wie das Familiensystem die Energie einer Gruppe ist, gibt es noch andere Systeme, wie z. B. das der Arbeitskollegen, der Freunde, Projekte oder welche Systeme auch immer. Es handelt sich um Gruppen- bzw. Beziehungsenergien. Schon zwischen zwei Personen entsteht eine systemische Energie, selbst auch zwischen einem selbst und Aspekten des eigenen Lebens! Beispiele dafür sind "Ich und meine Beziehung zum Geld", oder auch "Ich und meine Beziehung zu denen, von denen ich glaube, dass Sie mein Buch Unsinn finden". Egal, ob es sich um systemische Energien zwischen Personen, Projekten oder zwischen eigenen, inneren Aspekten handelt, es sind spezifische Energien der Beziehungen, mit ihrer eigenen Vibration. Sie verbindet viele Menschen, mitunter ganze Gruppen, Völker oder selbst die ganze Welt, je nachdem, wie unsere Beziehung damit aussieht. Sie können sich eine systemische Energie wie eine Kugel vorstellen, mit der alle Mitglieder einer Gruppe verbunden sind. Jeder fühlt sie. Nun kann diese Gruppenenergie von jedem Mitglied aufgeladen werden. Dies geschieht unbewusst, oft durch unausgesprochene Emotionen, Ideen, Wünsche oder Kritik. Die Energie beginnt sich allmählich zu verstärken, und es kann unter Umständen sein, dass man ab einem bestimmten Zeitpunkt diese Gruppenenergie unerträglich findet. Jedes Gruppenmitglied fühlt dann auf individuelle Weise diese unbequeme systemische Energie, die sie alle verbindet, als Emotion z. B. der Irritation. Damit die Gruppe, Projekte oder Beziehungen – nicht zuletzt die mit sich selbst – wieder frei in den Fluss kommen, muss die systemische Energie transformiert, oder vielleicht auch dem eigentlichen, wenn auch (noch) verborgenen, Sinn dahinter angepasst werden. Alle Mitglieder der Gruppe werden dann die Veränderungen fühlen, und Entwicklungen können in neuer Atmosphäre stattfinden. Die meisten dieser systemischen Energien können mit dem folgenden Aktivierungstext bearbeitet werden. Manchmal aber ist die Hilfe eines sich mit diesen Energien gut auskennenden Heilers oder Therapeuten notwendig.

Aktivierungstext zur Anpassung des Familiensystems und anderer Systeme

„Jeder Tropfen der Welt,
alles in einem zählt,
nun zur Bahn,
es ist getan!"

6. Fremde, eingedrungene oder anhängende Energien

Ich habe schon in den vorhergehenden Kapiteln erwähnt, wie fremde Energien die Emotionen verstärken oder im Feld fixieren. Eine Emotion an sich kann gar nicht so stark sein, dass sie einen übermannt, und dann scheinbar nicht mehr losgelassen werden kann. Sie hat sich im System eingenistet, man hat z. B. Angst vor bestimmten Dingen. Sobald eine starke Emotion oder Trauma erfahren wird, schwächt sich der natürliche Schutz des Feldes, und andere Energien dringen in es ein. Dies können u. a. verschiedene Dunkelheiten sein, Wesen unterschiedlichster Natur und Herkunft, Seelen oder Seelenpartikel anderer, Energie eines Aufpralls (z. B. bei Unfällen) oder Strahlungsenergien (auch bei Strahlenbehandlungen), um nur einige zu nennen. Die Energien können sich einfach wegen den der Emotionen ähnlichen Schwingungen angezogen fühlen, und haften sich an die emotionale Energie im Feld oder an das Feld selbst an. Je häufiger man diese bestimmte Emotion fühlt, je mehr fremde Energie kann sich ihr anhängen, und der Ball der Emotion wächst. So wird die Emotion immer größer und beherrschender, und kann unsere Wahrnehmungen beeinflussen. Die

Emotion ist wie ein Filter, und wir nehmen die Welt und uns selbst über ihre Verzerrung wahr. Ideen, aber auch komplexe Gedankenstrukturen oder emotionale Muster basieren auf Emotionen. Wir verfechten emotionsgeladen eine Idee, die uns bei immer größer werdender Überzeugung immer mehr limitiert. Dies alles basiert auf energetischen Verhältnissen. Je größer der Energieball der Blockade wird, desto mehr stört sie uns, und bringt uns von uns selbst ab. Unzufriedenheit, Forderungen, Bedingungen und Leiden machen sich breit.

Fremde Energie kann auch starke körperliche Symptome auslösen, Schmerzen können auftreten. Allergien und Migräne sind oft ein Produkt einer Mischung aus Emotionen und fremder, anhängender Energie. An Wunden haftet sich oft Energie an, und u. U. stört oder verzögert sie den Heilungsverlauf. Auch kann sie die Verdauung empfindlich stören. Sie kann Ursache wirklich vieler Symptome sein!

Im geistigen Bereich kann sie bestimmte negative Gedanken oder Gedankengänge auslösen. Manchmal beinhalten sie Gewalt, Aggression oder Traurigkeit.

Auch wenn wir als Menschen unsere

Wahrnehmungen auf die üblichen 5 Körpersinne beschränken, sind wir doch Wesen einer anderen Dimension, und alle Ebenen existieren zur gleichen Zeit. Das heißt, dass unsere Natur eine energetische ist, auch wenn wir uns nicht darüber bewusst sind. Und hier liegt die Ursache vieler Dinge, die uns stören. Wenn wir uns diesem Gedankengang öffnen, können wir zu uns selbst, unserer Wahrheit und unserer Heilung gelangen.

Bei den allermeisten Menschen ist fremde Energie im Feld anwesend, und sie kann nicht nur Symptome auslösen oder Strukturen verstärken bzw. fixieren, sondern auch den Kontakt zu einem selbst und zum Licht stören. Diese Energie möchte nicht, dass die Person sich entwickelt, heilt und ihre Essenz strahlen lässt. So können diese Energien evtl. Rückführungen oder andere spirituelle Praktiken stark stören oder komplett unmöglich machen. Diese Person kann dann keine essenziellen Informationen über sich bekommen – auch nicht von ihrem geistigen Führer –, bis die fremde Energie aus dem Feld oder Raum entfernt wurde. Ich empfehle, regelmäßig das eigene Feld mit folgendem Text zu reinigen:

Aktivierungstext zur Reinigung des eigenen Energiefeldes

„Breite Welt der Spektren,
alle an ihrem Ort,
die Kraft bringt sie dorthin,
fließend, voller Schönheit,
gehen sie nun fort."

Nicht nur dem eigenen Feld können fremde Energien anhaften, sondern auch im Raum oder Haus können sie anwesend sein. Auch dies hat ganz natürliche Gründe: Durch unsere eigenen Schwingungen fühlen sich ähnlich schwingende Energien zu uns angezogen und bleiben im Raum. So hinterlassen wir unseren energetischen „Abdruck" in unserer Wohnung, sodass sich der Raum für andere so anfühlt, wie wir sind.
Wenn z. B. ein Streit in einem Raum gerade stattgefunden hat, kann man diese Energie später noch immer fühlen. Dies ist emotionale Energie, oftmals mit anderen, fremden Energien zusammen. Und wenn eine besonders starke Energie sich im Raum einnistet, kann sie bald noch mehrere, starke Energien anziehen, und der Raum

wird immer schwerer. In einem solchen Raum fühlt man sich unwohl, unruhig oder auch beängstigt. Pflanzen können absterben, und wenn man ein Glas Wasser aufstellt, werden sich oft schon nach kurzer Zeit Luftbläschen am Rand bilden. Man schläft schlecht, manchmal mit Albträumen.

Dies sind Zeichen, dass eine energetische Reinigung des Raumes dringend nötig ist. Diese Reinigung sollte regelmäßig durchgeführt werden, auch wenn obige Symptome gar nicht präsent sind. Durch Energiearbeit, so wie z. B. mit diesem Buch, wird auch immer der Raum beeinflusst, sodass nach der Lese- bzw. Arbeitseinheit eine Reinigung ratsam ist. Auch die fremde Energie im Raum kann die Arbeit mit sich selbst behindern (Information kommt nicht ins Bewusstsein/ man kann die geistigen Führer nicht wahrnehmen), weshalb eine Säuberung des Raums auch vor der Session mit diesem Buch zu empfehlen ist.

Lesen Sie den Aktivierungstext langsam wiederholt so lange durch, bis sich der Raum leicht oder rund anfühlt. Dabei können Sie im Raum umhergehen, vielleicht an den Wänden entlang, um Ihre Intention zu stärken, dass Sie genau diesen Raum reinigen möchten. Haben Sie auch die Decke in Ihrem Gewahrsein, denn hier häufen sich oft schwere Energien an. Alternativ können Sie sich auch den Raum, den Sie reinigen möchten, geistig vorstellen (auch aus der Ferne), während Sie den Aktivierungstext lesen.

Aktivierungstext zur energetischen Reinigung von Räumen

„Sagenhafte Welt,
buntes Nebeneinander,
ein jeder an seinem Ort,
Friede untereinander."

Es ist ratsam, danach nochmals den Aktivierungstext zur Reinigung des eigenen Feldes, wenn nötig auch den zur Raumreinigung zu lesen, um sicherzugehen, dass keine Energiepartikel mehr anwesend sind.

7. Flüche – Schwarze Magie

Schon seit Urzeiten beschäftigen sich Menschen damit, Dinge energetisch zu beeinflussen. Manche Schamanen führten z. B. Rituale aus, um mit den Kräften der Natur eine Krankheit günstig zu beeinflussen, andere, wie schon erwähnt, um Unheil über die Gegner oder Feinde zu bringen. Das alles gehörte zum Aufgabenbereich der Schamanen. In vielen Kulturen gab es ganz verschiedene Traditionen, mit Energie umzugehen, und das Wissen um spirituelle Zusammenhänge war sehr groß. So machte man sich die Kräfte zu nutze. Auch heute noch bestehen diese alten Traditionen fort, nicht zuletzt in Riten ganzer Gruppen oder religiösen Gemeinschaften. Sei es, um sich mit dem Göttlichen zu verbinden oder es zu ehren, oder um anderen Schaden zuzufügen.

Energetische Manipulationen können sich sehr negativ auswirken, wenn die Intention dahinter von Habgier, Neid, Rache, Zerstörung oder des In-Besitz-Nehmens geprägt ist. Mit bestimmten Ritualen kann das Energiefeld einer Person, eines Projekts oder auch von Gruppen mit verschiedenen Energien so manipuliert werden, dass es diejenigen vollkommen blockiert und eine

Vielzahl negativer Umstände hervorruft. Die Gesundheit und das emotionale Gleichgewicht können sehr stark darunter leiden, viele Symptome können auftreten. Wenn der Grund einer emotionalen, mentalen oder körperlichen Blockade eine spirituelle (Fluch) ist, muss sie auch auf dieser Ebene gelöst werden, denn sie ist der Motor hinter den anderen Blockaden.

Die oft komplexe Energie von Flüchen haftet sich meist und zuerst an der Oberfläche des Energiefeldes an – sei es an das einer Person, einer Gruppe, Projekten, oder Orten wie Häusern. Wie ich vorher schon sagte, ziehen ähnliche Energien sich untereinander an. Somit zieht die niedrige Schwingung am Rand unseres Feldes wie ein Magnet trotz vermeintlichen Glücksempfinden niedrige Umstände an. Man kommt nicht voran, in welcher Hinsicht auch immer. Ab einem bestimmten Zeitpunkt erscheint einem vielleicht die Situation wie „verhext", was sie dann auch tatsächlich ist. Ich selbst glaubte nie an schwarze Magie, bis ich den ersten Klienten in meiner Praxis hatte, und danach mich immer mehr Menschen konsultierten. So konnte ich über die Jahre große Erfahrungen mit der Aufhebung von Flüchen verschiedenster Kulturen und Arten machen. Flüche sind wie feige Racheakte, die aus dem Verborgenen kommen, ohne dass die Person davon etwas bemerkt. Es sei denn man findet eines Tages ein verdächtiges Objekt, ein Püppchen oder was auch immer, das der Überträger der Fluchenergie ist. Seien Sie beruhigt, mithilfe dieses Kapitels können Sie alle Formen von Flüchen auflösen, indem sie einfach nur die entsprechenden Aktivierungstexte lesen!

Nun ist es so, dass starke Emotionen wie Wut, Traurigkeit oder Angst durch ihre Ähnlichkeit mit Fluchenergien die Flüche aufsaugen können. Somit können sie von der Oberfläche verschwinden, und verstärken oder fixieren nun die Emotionen oder auch andere Blockaden wie Gedankenstrukturen usw. Da Flüche oft mehrfach über einen Zeitraum gesendet werden, kann es sein, dass sie sowohl an der Oberfläche des Energiefeldes als auch in Emotionen oder anderen Energien sind. Deshalb ist es wichtig, nach der Heilung von Emotionen oder anderen Blockaden auch abzuklären, ob ein Fluch in ihnen versteckt war, und nun wieder an die Oberfläche aufgetaucht ist, wo er seine negative Kraft entfalten würde. Das ist v. a. dann wichtig, wenn Sie wissen, dass Sie schon einmal von schwarzer Magie betroffen waren! Der Aktivierungstext zur Diagnose von Energie (Seite 25) wird Klarheit darüber bringen, ob ein Fluch auf Ihnen oder einem Projekt ruht. Wenn Sie beim Lesen der letzten Zeilen Kopfschmerzen oder einen Druck in der Brust empfinden, sind dies fast sichere Zeichen eines Fluchs, der sich nun bemerkbar macht. Energie ist Bewusstsein. Die gesendeten Fluchenergien möchten nämlich nicht, dass sie aufgelöst werden, und fangen an, Symptome zu verursachen! Sie sollten dann mithilfe des Diagnosetextes (Seite 25) herausfinden, ob er auf Ihnen persönlich, einer Gruppe, der Sie angehören, oder einem (gemeinsamen) Projekt liegt.

Die hier beschriebenen Flüche sind alle bewusst über Rituale gesendete Attacken. Es kann aber auch sein, dass unabsichtlich geschehene Angriffe (böser Blick) eine fluchähnliche Wirkung entfalten und Prozesse blockieren. Diese unbewusst gesendete Energie kann mithilfe des Aktivierungstextes zur Transformation identifizierter Energie (Seite 27) aufgelöst werden.

Wenn Flüche über lange Zeit auf einer Person oder einem Raum sind, ziehen sie für gewöhnlich fremde, sehr starke Energien an, die sich zwischen den Flüchen, Emotionen sowie anderen Energien, aber auch im Haus einnisten. Ich schlage deshalb vor, nach der Auflösung eines Fluchs auch das Feld und den Raum mit den entsprechenden Texten zu reinigen, und sich ggf. noch weiter zu harmonisieren und zu erden (Seiten 64/65). Manchmal müssen diese Texte abwechselnd gelesen werden, bis alles komplett und rund ist. Ihr geistiger Führer hilft Ihnen dabei! Und falls Sie im vorhergehenden Kapitel Schwierigkeiten hatten, eine Botschaft zu empfangen, oder mit Ihrem geistigen Führer in Kontakt zu kommen, sollten Sie auch an einen Ihren Lichtkanal blockierenden Fluch denken!

Zur Aufhebung der Flüche lesen Sie die Texte, so wie die vorhergehenden, langsam, wiederholt. vielleicht laut, und verbinden Sie sich in Ihrem Herz mit der Energie der Aktivierungstexte, sodass sie sich entfalten kann. Die energetische Bewegung kann einen Moment länger andauern, bis sich die ganze Energie aufgelöst hat. Auch wenn Sie ein Mensch sein sollten, der Energie nicht fühlen kann, warten Sie einfach, bis sich eine gewisse Ruhe oder Erleichterung einstellt.

Aktivierungstext zur Aufhebung von Flüchen jeder Art, inklusive von Voodoo-Zaubern

„Die Energie, die kommt,
die Energie, die bleibt,
Veränderungen, Wandlungen,
Freiheit aller Energie,
Dankbarkeit im Herzen."

Abhängig von der Tradition oder Kultur können Flüche spezifische Energien beinhalten, die das Feld auf andere Weise beeinflussen, als die Energien, die mit obigem Text aufgelöst werden können. Deshalb folgt hier nun ein weiterer Aktivierungstext, um solche Strukturen ebenfalls aufzulösen. Sie können ihn abwechselnd mit dem vorhergehenden lesen, oder auch mithilfe des Textes auf Seite 25 diagnostizieren, ob der folgende Aktivierungstext für Sie zu lesen erforderlich ist. Es kann auch sein, dass nur der folgende Aktivierungstext gelesen werden muss.

Aktivierungstext zur Aufhebung von spezifischen Flüchen

„L i c h t durch die Welt,
Energie des Seins,
scheine durch meine Essenz,
Friede umgibt Dich."

Neben Personen können auch Räume oder Projekte verflucht sein. Hier kann es erforderlich sein, folgenden Aktivierungstext zu lesen. Es ist auch dann nötig, ihn zu lesen, um Flüche auf Vereinigungen, Gesellschaften oder Umständen, wo mehrere Menschen mit gemeinsamen Interessen oder der Arbeit miteinander verbunden sind, aufzuheben. Sobald ein solcher Fluch aufgehoben wird, fühlt jeder Einzelne die Erleichterung, da sich nun ein Teil von einem selbst in die Gesamtschwingung des eigenen Feldes integrieren kann. Manchmal kann der Fluch über einer Gruppe allerdings noch nicht aufgelöst werden, sondern in diesem Moment nur aus Ihrem eigenen Feld weggenommen werden, was der folgende Aktivierungstext ebenfalls veranlasst.

Aktivierungstext zur Aufhebung von Flüchen auf Räumen, Projekten oder Gruppen

„Friede, weiter Friede,
umschlingt den Stab,
weiterer Zirkel,
bringt den Pfad."

Einige Flüche (längst nicht alle!) werden mittels eines Objekts übertragen. Das bekannte Püppchen ist nur ein Objekt, aber meistens sind es andere Objekte, die die niedrigen Fluchschwingungen auf den Empfänger (Personen, Gruppen, Projekte, Orte usw.) übertragen. Die Kreativität der Böswilligkeit scheint unbegrenzt zu sein. Manche Flüche werden auf diese Weise auf spezifische, ausgewählte Personen gebracht, andere Objekte tragen die Fluchenergien, damit sie auf ihren jeweiligen, aktuellen Besitzer übergehen. Diese Art von „General-Fluch" haftet oft an Objekten, die als Souvenirs auf Flohmärkten verkauft werden. In Südamerika habe ich das oft gesehen. Artikel eines verfluchten Geschäfts tragen allesamt diesen Fluch! Manche Flüche können nur dann aufgehoben werden, wenn das Objekt identifiziert und die spezifische Fluchenergie auf ihm aufgelöst wurde. Wenn solch ein Objekt längere Zeit im Haus ist, zieht es nach und nach starke Energien an. Das Objekt wegzuwerfen bring meist keine Hilfe, da der Fluch bereits an dem Empfänger haftet, und das Objekt lediglich der Überträger war! Außerdem zieht es dort, wo es nun ist, immer noch starke Energien an. Sie können sich mit dem Aktivierungstext zur Diagnose von Energien (Seite 25) anzeigen lassen, ob ein Objekt involviert war. Vielleicht erscheint es Ihnen vor Ihrem geistigen Auge, wenn Sie nicht schon vorher eines verdächtigt haben. Lesen Sie den folgenden Aktivierungstext mit dem Objekt in der Hand haltend, oder zumindest es in Ihrer inneren Vorstellung habend, durch. Danach sollten Sie zur Sicherheit den Raum und sich selbst energetisch reinigen (Seite 50 und 52), sich harmonisieren und auch erden (Seite 64 und 65). Vielleicht müssen dann noch weitere Energien wie Emotionen transformiert werden.

Aktivierungstext zur Neutralisierung von Objekten, die Flüche übertragen

„Dieser Teil der Schöpfung,
anderen Zweck beäugt,
nun zur Freiheit,
großer Kreis,
die Ruhe erfüllt."

Manche Konstellationen verschiedener Energien zusammen mit Flüchen können so unglücklich sein, dass die Hilfe eines kompetenten Heilers erforderlich ist.

8. Harmonisierung und Erdung

Harmonisierung und Erdung sind zwei sehr wichtige Elemente. Obwohl beim Lesen des Aktivierungstextes zur Transformation identifizierter Energie und anderen Aktivierungstexten sich auch immer eine Harmonisierung samt Erdung vollzieht, kann es erforderlich sein, sich noch weiter zu harmonisieren bzw. zu erden. Das ist vor allem dann der Fall, wenn viel Energie bewegt wurde, und starke Blockaden oder Flüche aufgelöst wurden. Man hat dann das Gefühl, dass das Feld nicht ganz rund ist, und irgendetwas noch fehlt. Vor allem die Erdung ist wichtig, da sonst eine Reihe unangenehmer Zustände auftreten kann. Das Fehlen von Erdung merkt man deutlich an Schwindel oder dem Gefühl, irgendwie „in der Luft zu hängen". Es können sich Angstzustände einstellen, begleitet von dem Gefühl des Flatterns oder Vibrierens im Solarplexus (Magendreieck), teils mit Unruhe. Um diesem vorzubeugen ist es wichtig, gut geerdet zu sein. Dazu bestehen verschiedene Techniken, aber für die Kräfte, mit denen dieses Buch arbeitet, sind sie nicht ausreichend. Hierzu lesen Sie den Aktivierungstext zur Erdung mehrmals durch, bis sich ein Gleichgewicht und Ruhe einstellt. Falls Sie

Symptome wie oben des Nicht-geerdet-Seins haben, ist es wichtig, nicht nur die folgenden Aktivierungstexte zu lesen, sondern auch eine Pause von jeglicher spiritueller Aktivität wie Meditation oder die Arbeit mit diesem Buch einzulegen. Die folgenden Texte bringen zugleich auch einen Schutz um Ihr Feld. Wenden Sie sie immer an, wenn Sie ein Bedürfnis nach Harmonisierung und Erdung haben, aber vor allem nach intensiver Energietransformation, Fluchauflösung oder Reinigung des Feldes von starken, anhaftenden Energien.

Aktivierungstext zur Harmonisierung des eigenen Energiefeldes

„Ruhe, schwebendes Feld,
Freiheit, alles was zählt,
die Glättung kommt,
weites Feld, das strahlt.
Immer! Es ist wie gemalt."

Aktivierungstext zur Erdung der eigenen Energie

„Ein Baumstamm, tief,
in der Erde Wurzeln,
Sicherheit, die trägt,
Geborgenheit hegt,
alles ist ruhig,
nun kann es geschehen."

Nun möchte ich noch ein paar Worte zum Schutz Ihres Energiefelds sagen. Damit fremde Energien nicht in Ihr Feld eindringen können, ist es möglich, es zu schützen. Dazu können Sie sich einfach mit Ihrem Herz verbinden, fühlen Sie Ihre Essenz in Ihrem Herz, wie schon in der Meditation im Kapitel zum Empfangen einer Botschaft auf Seite 32 beschrieben. Nehmen Sie sich ein bisschen Zeit, um die entstehenden Wahrnehmungen zu genießen. Hier, im weiten Raum Ihres Herzens, können Sie Ihren geistigen Führer bitten, zu kommen und Ihnen den für Sie jetzt adäquaten Schutz zu geben. Der Schutz wird abhängig von der Gesamtvibration Ihres Feldes variieren. Ihr

Energiefeld ist Ihr eigener Raum, der nur Ihnen gehört! Das Leben ist Emotion, und deshalb kann sich immer mal wieder eine Energie an Ihr Feld haften bzw. in es eindringen, wenn Emotionen bestimmter Stärke erlebt werden. Außerdem sind Angriffe, ob es bewusst oder unbewusst geschehende sind, meist von solch starker, konzentrierter Energie, dass ein kompletter Schutz gegen sie selten möglich ist. Dies sollte Sie aber nicht demotivieren, denn mit diesem Buch haben Sie ein Handwerkzeug, das Sie immer wieder ins energetische Gleichgewicht bringen kann, und Ihre Schwingung stets höher werden lässt. Wenn die meisten der starken Emotionen und andere Blockaden gelöst sind, wird Ihr Feld wahrscheinlich von selbst so stark sein, dass sein natürlicher Schutz kraftvoll und so gut wie undurchdringlich sein wird.

9. Spirituelle Notfälle

Es gibt Zustände, die besondere Aufmerksamkeit brauchen. Sie sind delikat, und müssen auf besondere Weise behandelt werden. Ich spreche von spirituellen Notfällen. Dies sind Zustände, die bei intensiver spiritueller Arbeit, aber auch spontan oder über längere Zeit auftreten können, wenn das Energiesystem ungeordnet ist. Oft ist diese Situation starker Zustände der Beginn eines Lernprozesses, um Einsichten in spirituelle bzw. energetische Zusammenhänge zu bekommen. In einigen Kulturen kennt man diese besonderen Zustände, man nennt sie auch die „dunkle Nacht der Seele" oder „mystische Krise". Wenn in Stammesgesellschaften Symptome des spirituellen Notfalls bei einem Mitglied erkannt wurden, wurden sie gefeiert, denn sie kündigten die Geburt eines neuen Heilers an. Heute ist es schwierig, diese Zustände korrekt zu diagnostizieren, und eine adäquate Begleitung zu bekommen. Dennoch tritt meist der Lehrmeister ins Leben des Schülers, wenn der Schüler zu seiner Entwicklung bereit ist. Man kann nämlich diese intensiven, chaotischen Zustände leicht mit psychotischen verwechseln. Und anstelle wissende, unterstützende Begleitung zu erfahren, und sich als Person mit all ihren Fähigkeiten entwickeln zu können, werden leichtfertig Medikamente verschrieben, die dann die Zustände unterdrücken. Als Übergangslösung sind Medikamente vielleicht akzeptabel, aber dennoch muss dann ein geordneter Prozess des inneren Wachstums beginnen, damit die Seele mit ihren Begabungen sich vollkommen ausdrücken kann, und so wirkliche Heilung erfährt.

Die Symptome sind die einer intensiven Krise, wenn das spirituelle Bewusstsein zu erwachen beginnt. Man darf sie nicht unterschätzen, und es kann die Begleitung von einem professionellen mit spirituellen Notfällen betrauten Therapeuten bzw. Heilers erforderlich machen. Ich spreche diese Notfälle hier an, um sie in ein Licht größerer Aufmerksamkeit zu bringen. Durch die sich ständig ändernde Energie der Erde in dieser Zeit werden viele spirituell erwachen, was mit den hier beschriebenen, manchmal sehr starken Symptomen einhergehen kann. Janet Treloar beschreibt in ihrem Artikel „Overcoming spiritual emergency" im Buch „Transforming the Eternal Soul" (herausgegeben von Andy Tomlinson) sehr ausführlich, was die Situation einer Krise des Erwachens bedeutet, und wie sie sich äußern bzw. man sie behandeln kann. Sie kann sehr unterschiedlich ausfallen, langsam einsetzen, wiederkehren oder durch punktuelle Erfahrungen wie mit bewusstseinserweiternden Techniken (intensive Meditation, spirituelle Arbeit, außerkörperliche Erfahrungen, psychedelische Drogen usw.) ausgelöst werden. Das tägliche Leben sowie der Umgang mit anderen Menschen können stark beeinträchtigt sein.

Im Kapitel zur Harmonisierung und Erdung (Seite 63) habe ich schon beschrieben, wie sich Zustände des Nicht-geerdet-Seins äußern können. Bei Notfällen fehlt die Erdung, und es kommt oft zu starken Angstzuständen, die bedingt durch das Hereinfließen großer Energiemengen mit heftiger Unruhe und Phasen außersinnlicher Wahrnehmungen einhergehen können. Das Gefühl, verrückt zu sein oder es zu werden, kann auftreten. Die Person hat in diesen Phasen Zugang zu spiritueller Information, sieht oder erfährt Geistwesen, da sich das Bewusstsein plötzlich ausdehnt. Meist wissen die Betroffenen, dass dies ein innerer Prozess ist, und keine Psychose, wenn sie Stimmen der Lichtwesen hören. Der wirklich Kranke glaubt, er werde von Stimmen verfolgt, und hat eine völlig andere Beziehung zum Geschehen, zur Wirklichkeit, zur Umwelt und zu sich selbst. Der innerlich Erwachende aber weiß, dass er selbst nur denkt, dass er verrückt wird, während der Kranke dieses Bewusstsein nicht hat. Die chaotischen Phasen während des Erwachens müssen geordnet werden, sodass die Person in ihre neue Lebensphase hineinwachsen kann. Gründliche Erdung ist dabei ein sehr wichtiger Aspekt. Im folgenden Aktivierungstext ist sie enthalten, der spezifische Text zur Erdung auf Seite 65 sollte aber auch oft durchgelesen werden. Die starken Zustände ziehen u.U. viel fremde Energie in das Feld hinein. Obwohl der Aktivierungstext unten auch die Reinigung des Feldes automatisch veranlasst, kann es notwendig sein, auch den spezifischen Text zur Reinigung (Seite 50) zu lesen. Grundsätzlich aber gilt, jegliche Art von spiritueller Aktivität (Meditationen, Energiearbeit usw.) für eine Zeit lang zu unterbrechen, damit das System sich beruhigen und ordnen kann.

Lesen Sie folgenden Aktivierungstext mehrmals hintereinander zur Unterstützung des Prozesses durch, eventuell abwechselnd mit den Aktivierungstexten zur Erdung und Reinigung des Feldes und des Raums.

Aktivierungstext bei spirituellen Notfällen

„Ein Lämmlein, fein,
verzagt zu sein,
Wechsel zum Guten,
es muss nicht bluten,
nun zum Wandel,
stark ummantelt,
Einfachheit kommt,
das Herz erfüllt."

Ziehen Sie professionelle Hilfe, die den Erwachungsprozess richtig begleiten kann, zu rate, wenn Sie diese benötigen sollten!

10. Lösen von Blockaden aus Vorleben

Für mich als Regressionstherapeut (zertifiziert durch die britische Past Life Regression Academy, ebenso in Hypnotherapie und Between Lives Spiritual Regression) und auch als Energiearbeiter ist es gang und gäbe Blockaden aus Vorleben aufzulösen. Dabei sind es nicht nur Leben auf der Erde, die eine Rolle spielen, sondern auch Leben auf anderen Welten in anderen Dimensionen. Das Symptom ist dabei der Schlüssel zum Geheimnis, um zu einer tiefen Heilung zu gelangen. Es kann sein, dass die Blockade auf ein einziges – oft traumatisches – Erlebnis aus einem früheren Leben zurückzuführen ist. In Situationen starker Emotionen, wo sich vielleicht eine große Veränderung in jenem Vorleben einstellte, oder auch bei einem traumatischen Tod, werden diese Informationen – wie auch alle anderen – im Energiefeld gespeichert. Die Seele hat, sagen wir, eine „Delle" erlitten. Diese „Stelle" ist dann als ungelöstes Problem sehr sensibel, vor allem wenn ähnliche Emotionen bzw. Situationen im heutigen Leben erfahren werden.

Es kann aber auch sein, dass sich Situationen in einem oder mehreren Vorleben wiederholten, und so ein großes Gewicht entstand, wie z. B. bei

Versklavungen oder anderen Situationen lang anhaltenden Leidens. Hier handelt es sich nicht um ein einziges Schlüsselerlebnis, sondern um ganze, lang andauernde Strukturen. Auch können sich als Reaktion auf ein Erlebnis oder länger währende Situationen bestimmte Gedanken tief in das Wesen einkerben. Sie haben große Kraft, da sie emotionsgeladen sind, und sind oft Konklusionen, Rückschlüsse, Abschlussbefehle oder auch Schwüre. Ein Beispiel ist „Ich werde niemals wieder mit jemandem zusammen sein!", was sich dann im heutigen Leben als Blockade bei Beziehungen äußern kann, oder deren Ursache ist. Es kann aber auch selbst nur ein einziges Wort sein, das sich eingraviert hat! Oft entstehen solche kraftvollen Gedanken im Todesmoment, vor allem wenn er dramatisch war.

Es ist längst nicht immer so, dass eine bestimmte Blockade in nur einem Vorleben entstand, oft wächst sie in ganzen Serien von Vorleben an. Emotionen und Muster aus dem heutigen Leben können diese unbewussten Strukturen aus Vorleben wieder aktivieren. Sie schwingen dann als Energie mit, und vergrößern die Erfahrung der heutigen Blockade. Sie können sich dies als zwei gleiche Gläser vorstellen. Wenn man eines mit einem Gegenstand anschlägt und zum Erklingen bringt, schwingt wegen der Resonanz auch das andere Glas hörbar mit. Das Glas, das man zum Klingen bringt, wäre dann das heutige Leben, während das mitschwingende ein oder mehrere Vorleben repräsentiert.

Die Themen wurden oft über viele Vorleben hinweg bearbeitet. Dabei handelt es sich um emotionale Themen, Verhaltensweisen oder auch ganz andere, sowie karmische Strukturen. Die Arbeit und das Lernen mit einer bestimmten Emotion oder Struktur erstreckt sich über viele Leben, um sie in ihrer Ganzheit mit allen möglichen Aspekten zu erfahren. Die Seele wählt ihr Leben genau aus, um zu lernen, mit den bestimmten Situationen, Beziehungen oder Umständen umzugehen, und daran zu wachsen. So ist sichergestellt, dass mit den ausgewählten Eltern ein passender Start für die späteren Entwicklungen mit all ihren Erfahrungen gegeben ist, seien es aus subjektiver, menschlicher Sicht gute oder schlechte.

Um bestimmte Dinge zu lösen, wird es manchmal nötig sein, sie aus höchster Perspektive zu betrachten. Die Einsichten führen dann zu einem tiefen Verständnis der Blockade, wodurch sie besser eingeordnet und losgelassen werden kann. Oder man bekommt Informationen über die Aufgabe, die mit der Blockade verbunden ist, und

Hinweise, wie man mit ihr arbeiten kann. All diese Informationen bekommt man, wenn man sein Seelenbewusstsein erfährt, wodurch man mit der geistigen Welt, aus der wir herkommen, verbunden ist. In meinen Sitzungen passiert dies ganz von selbst. Alles, was man wissen darf oder sollte, wird zum rechten Zeitpunkt von der geistigen Welt aus preisgegeben. Dies geschieht ganz spontan, sodass plötzlich vor dem geistigen Auge des Klienten z. B. sein „Buch des Lebens" erscheint, worin alle Inkarnationen der Seele gespeichert sind, oder sich ihm sein „Rat der Weisen/Älteren" präsentiert. Dies sind hoch entwickelte, nicht mehr inkarnierende Wesen, mit denen die Seele ihre Leben plant, und die sie beratend unterstützen. Oder man wird mit der Seelenfamilie (Seelen auf ähnlicher Entwicklungsebene, mit denen wir Themen bearbeiten) in Kontakt gebracht. Auch kann man Informationen über die Lebensaufgabe erhalten. Mit dem Aktivierungstext zum Empfangen einer Botschaft und mit ihrem geistigen Führer kommen Sie aber schon recht weit!

Energien aus den Vorleben verknüpfen sich also mit denen aus dem heutigen Leben. Und das ist noch nicht alles, denn es können sich auch systemische, fremde und andere Energien mit den Energien aus früheren Leben verstricken. Um ein

Thema komplett zu lösen, müssen, wie schon gesagt, alle seine Komponenten gelöst werden. Sonst bleibt es oft weiter, oder auch vermindert, bestehen.

Ich habe dieses Kapitel mit Absicht ans Ende des Buches gestellt, denn der Prozess mit dem folgenden Aktivierungstext braucht schon ein bisschen Erfahrung und Geschick damit, wie man intuitive Information fließen lassen und sich von ihr leiten lassen kann. Wenn die Transformationsarbeit mit den anderen Texten soweit geklappt hat, wird diese Arbeit mit Vorleben genau so einfach sein. Es kann eine ganze Reihe von Empfindungen, Symptomen oder auch Bildern nach oben kommen, die alle wiedererkannt bzw. verstanden werden sollten, um sie zu integrieren. Sie sind dabei immer geschützt. Ihr geistiger Führer steht Ihnen zur Seite, und der Prozess ist vollkommen ungefährlich!

Der Aktivierungstext besteht aus zwei Teilen. Lesen Sie den ersten Teil und schließen Sie danach Ihre Augen. Verschiedene Wahrnehmungen werden sich einstellen, sicherlich werden Sie Ihnen bekannt vorkommen. Wenn nicht, gehen Sie Ihnen nach, so wie schon zu Beginn des Buchs beschrieben wurde. Nach ein paar Momenten wird sich Ruhe einstellen, und es kommen keine Energien aus Vorleben mehr an die Oberfläche. Erst jetzt lesen Sie den zweiten Teil, wobei sich das Szenario der Wahrnehmungen vervollständigen wird, man deutliche Bezüge zum heutigen Leben herstellen kann und die Transformation von selbst beginnt. Mit dem Aktivierungstext zur Diagnose von Energie (Seite 25) können Sie sich anzeigen lassen, ob eine Blockade aus einem Vorleben vorliegt, oder ob das Problem, das Sie bearbeiten wollen, mit einem Vorleben zu tun hat. Es ist, insofern dies mit dem Seelenplan im Einklang steht, möglich, die gesamte Geschichte der Muster oder Emotionen zu transformieren, um ohne weitere Fesseln aus der Vergangenheit frei in der Ausdehnung des Selbst im Jetzt leben zu können. Manche Blockaden können aus Leben als Energie-Wesen auf anderen, selbst nur mentalen Welten stammen, lange bevor die Seele ihre Laufbahn der Inkarnationen auf der Erde begann. Die Strukturen dieser Energien können im menschlichen Körper als sehr starke Emotionen empfunden werden, während sie in einem früheren, eher energetischen Körper sehr viel leichter erscheinen. Blockaden können schon hier in leichteren Körpern ihren Anfang genommen haben.

Aktivierungstext zum Lösen von Blockaden aus Vorleben, in Bezug auf heutige Blockaden

„Vergangenheit und Einheit,
alles lebt zur gleichen Zeit,
Gegenwart der Schönheit,
alles bewegt sich.

- - -

Nun ist die Zeit gekommen,
Moment der Zeitlosigkeit,
alles ist vollkommen,
Ewigkeit, Zufriedenheit."

Nachwort

Alles, was wir in diesem Buch gesehen haben, trägt zu einer integralen Transformation unseres „Selbst", oder auch „Ego" genannt, bei. Wenn Sie sich dafür entscheiden sollten, nicht mehr von Ihren Emotionen, vorgefassten Gedanken oder Überzeugungen – auch aus Vorleben – dominiert zu werden, ist dieses Buch eine fantastische Möglichkeit, um mit sich selbst zu arbeiten. Es ermöglicht, sich schrittweise mit dem eigenen Licht der Seele zu verbinden, und es strahlen zu lassen. So kann man den wirklich eigenen Raum einnehmen, und von dort aus andere Mitmenschen in den Bann der Freude, Ausgelassenheit und Leichtigkeit ziehen. Die Persönlichkeit, oder Ego, beschränkt die Expansion des eigenen Lichts. Diese Limitationen alter Strukturen aufzulösen gibt dem Ego seinen eigentlichen Platz, nämlich – wie eine Klientin von ihren Weisen in einer Session erfuhr – als Vehikel, um die Erfahrungen zu genießen, anstatt sie einzuschränken. Die eigenen Beschränkungen erfahren wir am besten durch die Umwelt: Alle Situationen oder Beziehungen, die bestimmte emotionale Reaktionen oder Vorurteile hervorrufen, sind ein hervorragender Spiegel und eine dankenswerte Hilfe, um zu sehen, was unsere

„Persönlichkeit" oder Ego ausmacht. Sie stellt das dar, was wir nicht sind! Anstelle jemand anderen oder Umstände zu beschuldigen, dass wir uns so fühlen, wie wir uns fühlen, können wir dies akzeptieren und uns auf die Suche danach machen, wann diese Struktur in uns ihren Anfang nahm. Und dies ist normalerweise etwas ganz anderes, als man vermutet!

Bestimmte emotionale und andere Komplexe ziehen auch fremde Energien an, die im Körper schwerste Symptome und Krankheiten auslösen und ihn negativ beeinflussen können. So ist es auch möglich, mit diesem Buch einen Prozess zu beginnen, um hinter die Kulissen zu schauen, was die Krankheit vielleicht bedingte, oder wovon sie begleitet wird. Alle schwersten Erkrankungen haben für gewöhnlich einen tieferen Sinn, den man, wenn man dazu bereit ist, entdecken kann. Z.B. bei Krebskranken, die mich konsultierten, traf ich oft eine Selbstabwertung an, ein Priorisieren anderer, um sich selbst zu Gunsten anderer aufzugeben. Immer wieder wird diese Krankheit von starken dunklen Energien begleitet, wahrscheinlich angezogen durch die Angst. Allergien und Migräne, wie erwähnt, haben auch eine emotionale Basis, egal, ob sie aus dem heutigen oder früheren Leben herrührt.

Das Zeitalter des neuen Bewusstseins wurde

schon lange in den verschiedenen Traditionen angekündigt: So endete z. B. ein Zyklus im Kalender der Maya im Jahr 2012, wir sind im Wassermannzeitalter und ein kollektives Erwachen ist in vollem Gang. Auch die Energiearbeit, wie sie mir gegeben wurde und Basis der energetischen Prozesse der Aktivierungstexte ist, ist Teil dieses neuen Zeitalters. Heute sprechen viele über Energie und spirituelle Zusammenhänge. Es ist wirklich beeindruckend, wie schnell sich Veränderungen im kollektiven Bewusstsein vollziehen! Lange Prozesse werden unnötig. Die Beschleunigung ist ein wichtiger Teil der neuen „Welt", wo man mehr denn je in Licht und Liebe – also in der fünften Dimension, wie manche sagen – leben kann, indem jedwede Blockade aus der Vergangenheit aufgelöst werden kann. So ist es möglich, komplett im jetzigen Moment mit jedem Teil von uns präsent zu sein, und in ihm zu leben, ohne Fesseln der Vergangenheit oder Angst vor der Zukunft. Auch diese rührt aus der Vergangenheit her. Indem man die Emotion loslässt, sich mit seiner Essenz verbindet und so vollkommen im Jetzt anwesend ist, kann sich das Bewusstsein auf alle Dimensionen entfalten, sodass das Gefühl der Einheit oder des Einssein entsteht. Wir leben dann durch die Seele, die ein göttlicher Funke, also Teil des Immerwährenden ist. So sind wir mit dem Ganzen verbunden, und das Vertrauen kann sich festigen. Mit diesem Bewusstsein manifestieren sich Intentionen sehr schnell. Daher ist es wichtig, aufzupassen, was und wie man denkt. Denn nicht zuletzt wollen Sie vorbeugen, dass sich die nun gelösten Strukturen wieder in Ihrem Energiesystem installieren!

Um noch eine Sache zu verdeutlichen: Ich habe oft Worte des Fühlens oder der körperlichen Wahrnehmungen in diesem Buch gebraucht. Es ist nun so, dass Menschen individuell zu ganz unterschiedlichen Lernkanälen tendieren. In Trance ist das besonders deutlich, und jede Energiearbeit löst automatisch Trancezustände aus. Das ist nichts Besonderes oder Gefährliches, sondern einfach nur eine schon bekannte, angenehme Entspannung, die z. B. kurz vor dem Einschlafen oder in Meditation eintritt, bei der der Körper vielleicht etwas schwerer wird oder auch die Lider bei geschlossenen Augen zu zittern beginnen, und in der man in den Schatz der inneren Erfahrungen mit allen Erinnerungen eintreten, sowie in Kontakt mit Geistwesen und höheren Informationen kommen kann. Manche Menschen fühlen mehr in Trance, andere sehen oder hören, oder es ist eine Kombination dieser Kanäle. Sie können auch mit der Zeit variieren! Andere Sinne sind die des inneren Wissens oder der Einsicht. Man hat plötzlich das Gefühl der

Wahrheit über das, was sich einem zeigt, oder was von geistigen Führern eingegeben wird. Wenn Sie sich in meiner Wortwahl in Ihren Erfahrungen behindert fühlen, tauschen Sie sie einfach Ihrer Ansicht nach durch passendere aus!

Die Informationen in diesem Buch sind zum größten Teil gechannelt, und Sie dürfen herausnehmen, was mit Ihnen in Resonanz steht, denn das Buch repräsentiert keine absolute Wahrheit. Auch gibt es einige weitere, nicht erwähnte energetische Strukturen, die die Möglichkeiten der Selbstbehandlung mit diesem Buch übersteigen. Solange es Sie, wenn auch in Teilen, inspiriert, können Sie es gebrauchen. Je mehr Sie mit Ihrem eigenen Licht in Verbindung kommen, und es strahlen lassen, desto deutlicher werden Sie spüren und wissen, was in jedem Moment richtig für Sie ist. Das Denken und Handeln werden eins, und die eigene Wahrheit kann sich manifestieren. Deshalb kann es sein, dass Sie eventuell später kein Interesse mehr an der Arbeit mit diesem Buch haben, oder Sie vielleicht auf einen anderen Weg kommen, mit anderen Begleitern. Das alles ist sehr willkommen! Vielleicht stimuliert Sie dieses Buch aber auch, an einem meiner Workshops oder meinen Kursen teilzunehmen! Eine meiner Aufgaben ist es, andere angehende Energiearbeiter bzw. Heiler zu begleiten, damit sich ihre Fähigkeiten vollkommen entwickeln können.

DANKSAGUNG

Ich möchte all jenen danken, die (mithilfe des Buchs) eine tief greifende Transformation in sich selbst eingeleitet haben. Durch die sich ständig ändernde, erhöhende Energie der Erde bleiben wir so in Resonanz mit ihr und den anderen Dimensionen, was den Weg zu einem Leben in Licht und Liebe freimacht. Die Erde wird es Ihnen danken, in Ihrem eigenen Licht zu stehen, und andere dazu zu inspirieren! So können wir alle zusammen, wenn Sie möchten, in diese lichtvolle Dimension frei von Gewalt und Machtgefühlen eintreten.

Kontakt über Facebook:
Marcus Betz - Die Macht des Auges

Bücher:
Andy Tomlinson: Transforming the Eternal Soul,
Artikel J.Treloar „Overcoming spiritual emergency"
Olof Smit: Vater Erde

Zeitfracht Medien GmbH
Ferdinand-Jühlke-Straße 7
99095 Erfurt, Deutschland
produktsicherheit@kolibri360.de